La vida y el flujo de energía

William B. Rice

Asesora

Leann Iacuone, M.A.T., NBCT, ATC
Riverside Unified School District

Créditos de publicación

Rachelle Cracchiolo, M.S.Ed., *Editora comercial*
Conni Medina, M.A.Ed., *Gerente editorial*
Diana Kenney, M.A.Ed., NBCT, *Editora principal*
Dona Herweck Rice, *Realizadora de la serie*
Robin Erickson, *Diseñadora de multimedia*
Timothy Bradley, *Illustrador*

Créditos de las imágenes: Portada, págs.1-5, Contraportada, iStock; pág.7 The LIFE Images Collection/Getty; pág.9 (ilustración) Lexa Hoang; pág.11 Dreamstime; págs. 9, 11 NASA; pág.12 Science Source; págs.14-20, 22, 25-27, 31 iStock; pág.15 (izquierda) Gustoimages / Science Source, (derecha) Zephyr/Science Source; las demás imágenes cortesía de Shutterstock; todas las ilustraciones, Timothy Bradley.

Teacher Created Materials
5301 Oceanus Drive
Huntington Beach, CA 92649-1030
http://www.tcmpub.com
ISBN 978-1-4258-4709-8
© 2018 Teacher Created Materials, Inc.

Contenido

Lleno de vida

Sin importar dónde te encuentras en el mundo, siempre hay algo interesante para ver. La vida —cosas que crecen, viven y mueren— está en todas partes. ¡*En todas partes*!

Cuando miramos alrededor del planeta, vemos hermosos y diversos lugares repletos de vida. Los seres vivos en el planeta se conocen como **organismos**. Abundan en todos los lugares del mundo. Existen incontables tipos de organismos, ¡quizás millones de tipos diferentes! Algunos organismos son microscópicos, como las amebas unicelulares o las bacterias que crecen y se desarrollan por doquier. Solamente pueden verse con lentes especiales. Algunos organismos son enormes, como los estruendosos elefantes que pisotean por África y Asia, o las elegantes ballenas que nadan por los océanos del mundo.

¡Todos los años se descubren miles de *especies* nuevas!

Los organismos se mueven por toda la Tierra y de todas las formas imaginables. Los insectos vuelan y se deslizan por el aire, el agua y la tierra. Los animales trepan y vuelan alto y bajo. Caminan y corren a todas las velocidades. Excavan y nadan con agilidad y facilidad. Existen más animales en el mundo de los que conocemos, y pueden hacer cosas que nos asombran y nos sorprenden.

Un conejito resistente

La liebre ártica vive en la tundra congelada de América del Norte. Tiene un grueso pelaje blanco que la mantiene caliente en las temperaturas bajo cero y le permite integrarse a sus alrededores. La mayoría de los animales no podrían sobrevivir una noche de invierno en este duro medio ambiente.

algas pardas

cactus

Las plantas también son organismos. También, viven en todas partes del planeta. Las vemos crecer en los océanos, en las montañas, en los desiertos y especialmente en las selvas. Con frecuencia son verdes, pero tienen todos los colores del arco iris. Al igual que todos los organismos, las plantas tienen un ciclo de vida.

Los organismos crecen y se multiplican. **Procrean** descendientes que hacen que la especie continúe. Los organismos comen o absorben **nutrientes**. También pueden herirse o enfermarse. Pero asimismo se recuperan y se curan. Algunos organismos viven solamente un período breve, quizás unos días o unas semanas. Algunos pueden vivir cientos o miles de años. Pero en algún momento, todos llegan a su fin. Todos los organismos mueren.

En comparación con una roca o una pila de arena, los organismos son bastante activos. ¿Cómo lo hacen? Utilizan **energía**. La energía es la **fuerza** que hace que las cosas ocurran. La energía fluye y se almacena, cambia, se convierte y se transforma. Los organismos utilizan la energía para hacer todo lo que hacen.

¿Pero cómo obtienen energía los organismos? ¿De dónde proviene esta energía? Las personas se han hecho este tipo de preguntas durante siglos, incluso quizás durante miles de años. Para responder estas preguntas, los científicos estudian la Tierra y sus **ecosistemas**. También estudian los organismos y otras cosas que componen los ecosistemas.

pino

helecho

Vivir más tiempo

Con todos los avances en tecnología y medicina, las personas viven más tiempo que nunca. Jeanne Louise Calment vivió hasta los 122 años de edad. ¡Cuando tenía 100 años de edad, todavía andaba en bicicleta!

La energía y el sol

El sol es una masa gigante de **materia**. La materia es el elemento básico de lo que todo está hecho. Este libro, una planta, tú, yo... todos somos materia. La materia está formada por diminutas partículas denominadas **átomos**. Y los átomos están hechos de partículas incluso más diminutas llamadas *electrones*, *protones* y *neutrones*. Cada tipo de átomo tiene una cantidad diferente de partículas. Distintas cantidades forman diferentes tipos de átomos. Cada tipo de átomo se comporta de manera diferente de los demás. También tiene propiedades distintas. Todo esto hace que cada tipo de átomo sea único.

Un **elemento** es una sustancia química hecha de un solo tipo de átomo. El sol está compuesto principalmente de dos elementos. Estos son hidrógeno y helio. El sol tiene grandes cantidades de materia, muchísima materia. Como tiene tanta materia, también tiene mucha **gravedad**. La gravedad es una de las fuerzas básicas del universo. Ayuda a mantener la materia unida. La gravedad ejerce presión sobre la materia. Debido a esta presión, el sol atraviesa una proceso llamado **fusión**. La fusión libera muchos tipos diferentes de energía, mucha energía.

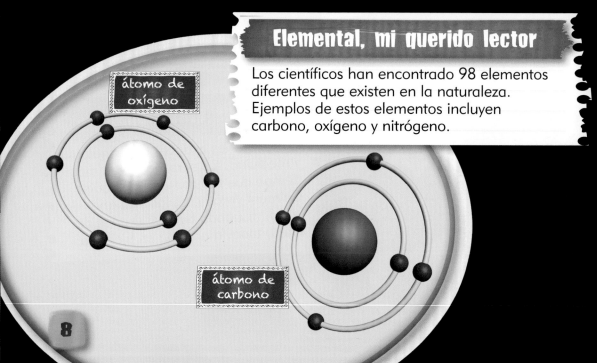

Elemental, mi querido lector

Los científicos han encontrado 98 elementos diferentes que existen en la naturaleza. Ejemplos de estos elementos incluyen carbono, oxígeno y nitrógeno.

átomo de oxígeno

átomo de carbono

Fusión de los elementos

Durante la fusión, elementos como el helio y el hidrógeno se funden, o se unen. La temperatura y la presión deben ser extremadamente altas para que los elementos se combinen. Una vez que la fusión ocurre, se libera energía.

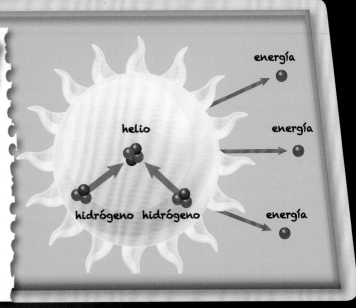

energía

energía

energía

helio

hidrógeno   hidrógeno

Aproximadamente el 75 por ciento del sol es hidrógeno, cerca del 23.3 por ciento es helio y casi el 1.7 por ciento está compuesto por elementos como carbono, oxígeno y hierro.

Los átomos de hidrógeno en el sol se convierten en átomos de helio y energía.

9

Parte de la energía solar es el tipo de luz que podemos ver sin lentes especiales. Esta se llama **espectro visible**. El sol también libera energía que no podemos ver, tal como rayos X, luz infrarroja y luz ultravioleta. Esta energía se **irradia** del sol en todas las direcciones. *Irradiar* es despedir o difundir desde un punto central. El sol es el punto central.

Parte de esta energía del sol llega a la Tierra. La energía calienta la atmósfera de la Tierra, el suelo y los océanos. Parte de esta energía se irradia a las plantas. Las plantas usan esta energía de una forma que marca una diferencia para todos los seres vivos. Las plantas tienen un compuesto químico especial llamado **clorofila**. La clorofila ayuda a las plantas a cambiar y a almacenar energía. Las plantas usan esta energía para crecer. Echan raíces firmes en el suelo. Desarrollan tallos y hojas resistentes, y producen flores coloridas. Y crecen y liberan semillas en la naturaleza.

Un mundo de color

La luz contiene todos los colores del espectro visible. Cuando la luz llega a los objetos, algunos de los colores se absorben y otros se reflejan. Nuestros ojos solamente ven los colores reflejados. Por ejemplo, un suéter rojo se ve rojo porque absorbe todos los colores del espectro visible excepto el rojo.

RADIO   MICROONDAS   INFRARROJO   LUZ VISIBLE

LONGITUD DE ONDA MÁS LARGA

ENERGÍA MÁS BAJA

SOHO

BBSO

Estudio del sol

Los científicos usan telescopios especiales para estudiar el sol. Algunos telescopios se encuentran en la Tierra, como el Observatorio Solar Big Bear (BBSO) en California. Otros telescopios se encuentran en el espacio, como el Observatorio Solar y Heliosférico (SOHO).

Vemos el espectro visible de luz completo en los arco iris.

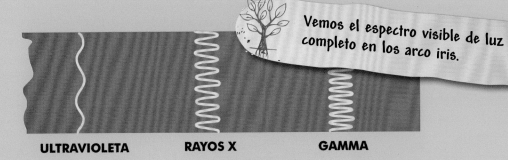

ULTRAVIOLETA   RAYOS X   GAMMA

LONGITUD DE ONDA MÁS CORTA

ENERGÍA MÁS ALTA

Las plantas y la fotosíntesis

Entonces, la energía fluye desde el sol hasta la Tierra. En la Tierra, las plantas absorben la energía. Las plantas convierten y utilizan la mayor parte de la energía que reciben y almacenan el resto. ¿Pero cómo convierten la energía las plantas? ¿En qué la convierten?

Las plantas convierten la energía solar en energía química. Lo hacen mediante un proceso llamado **fotosíntesis**. La clorofila que mencionamos anteriormente es clave. Toma la energía solar y la convierte en otras sustancias químicas. La energía hace que las sustancias químicas cambien de forma. Este proceso es similar a bobinar un resorte. Cuando el momento llega y la planta necesita energía, activa la sustancia química, la cual cambia de forma y libera energía como un resorte que se estira.

La fotosíntesis también produce algo que todos los seres humanos necesitan. Produce oxígeno como un producto de desecho. Por supuesto, para nosotros el oxígeno no es un producto de desecho. ¡No podemos vivir sin él! Respiramos oxígeno y luego exhalamos dióxido de carbono como un producto de desecho. Adivina qué emplea dióxido de carbono para vivir. ¡Las plantas!

Un nuevo descubrimiento

En el siglo XVIII, Joseph Priestly y Jan Ingenhousz descubrieron la fotosíntesis. Realizaron un experimento en el cual se aislaba un ratón en un frasco sellado. Sin oxígeno, el ratón moriría. También se colocó una planta en el frasco con el ratón. De alguna manera, el ratón sobrevivió. Después de una investigación minuciosa, aprendieron que la planta produjo el oxígeno que el ratón necesitaba para vivir.

Manojos de luz solar

Muchas plantas comienzan siendo semillas. ¿Cómo empiezan a crecer las semillas cuando no tienen hojas para captar la energía solar? Las semillas almacenan energía. Cuando las semillas todavía están adheridas a una planta, la planta almacena parte de la energía convertida en las semillas. Las semillas luego caen de la planta al suelo, y con las condiciones adecuadas, comienzan a crecer.

planta utiliza la
...cosa producida.

Las hojas absorben
la energía solar.

La planta absorbe
dióxido de carbono.

La planta libera
oxígeno en el aire.

Incluso los cactus espinosos
emplean la fotosíntesis. En
este caso, el tallo lleva a cabo
la fotosíntesis.

Los animales y el sol

Apuesto a que sabes qué viene a continuación. Quizás estés pensando en animales o insectos, o simplemente criaturas en general. Si es así, tienes razón. Muchos animales, insectos y otros organismos comen plantas. Cuando comen plantas, no solo toman nutrientes y minerales, sino que también absorben esa energía solar. Algunos organismos comen otros organismos. Cuando lo hacen, reciben la energía almacenada en el cuerpo de los animales. Nuevamente, esta es energía que comenzó como luz solar y luego se irradió a través del espacio, en la atmósfera de la Tierra, en las plantas y luego a otros organismos.

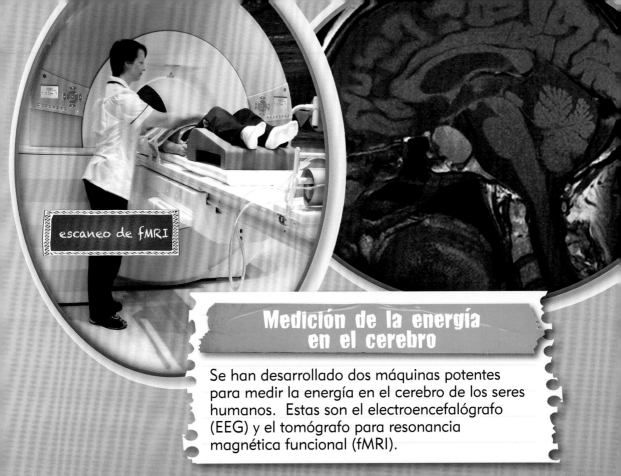

escaneo de fMRI

Medición de la energía en el cerebro

Se han desarrollado dos máquinas potentes para medir la energía en el cerebro de los seres humanos. Estas son el electroencefalógrafo (EEG) y el tomógrafo para resonancia magnética funcional (fMRI).

Todos estos organismos diferentes usan la energía solar. ¿Cómo la usan? Simplemente mira a tu alrededor y observa estas criaturas en acción. Vuelan y trepan; corren y saltan. La mayoría de las criaturas descansan, pero incluso en ese momento están usando energía para facilitar el bombeo de sangre a través del cuerpo, respirar y mantenerse abrigados.

Incluso puedes observarte a ti mismo. Empleas la energía para muchas cosas. La energía te ayuda a respirar. Ayuda al corazón a bombear sangre a través del cuerpo. Te ayuda a digerir los alimentos que comes. De hecho, estás usando energía mientras lees estas palabras. El cerebro está usando energía para ver las palabras y comprenderlas.

El cerebro emplea más energía (aproximadamente el 20 por ciento en general) que cualquier otra parte del cuerpo, aunque constituye solamente el 2 por ciento de tu peso.

De sangre fría o caliente

Aunque la mayoría de los animales obtienen la energía de las plantas o de otros animales, algunos necesitan energía directamente del sol. Animales como los lagartos, las serpientes y determinados insectos necesitan echarse al sol para mantenerse calientes. *Echarse* significa "acostarse al aire libre y absorber la energía del sol". Los animales que obtienen energía de esta manera se denominan *de sangre fría*. El término científico es *ectotérmicos*.

La mayoría de los animales, incluidos los seres humanos, no necesitan la energía solar directa para mantenerse abrigados. Recibimos calor cuando usamos la energía de los alimentos. Tenemos sangre caliente, o somos *endotérmicos*. Pero, aunque tengamos sangre caliente, dependemos del clima y de la luz solar para mantener el calor. Cuando hace frío, nos ponemos más ropa. En conclusión, siempre se sentirá bien salir al sol un día frío y sentir los cálidos rayos.

de sangre caliente

Abrigados

Es sencillo saber qué animales son de sangre caliente y cuáles son de sangre fría. Los mamíferos y las aves son criaturas de sangre caliente. Por lo tanto, si los animales tienen pelaje o plumas que les cubren el cuerpo, lo más probable es que sean de sangre caliente.

de sangre fría

Un motivo por el que las mariposas se asientan y descansan sobre las plantas es para absorber el calor y la energía, y así poder volar más.

Temperatura adecuada

¡Los animales de sangre caliente necesitan mantenerse abrigados y frescos! Para enfriarse en un día caluroso, los animales de sangre caliente transpiran y jadean. Alejarse del sol e ir hacia un área con sombra es otra forma que tienen estos animales para mantenerse frescos. Y aunque tengan pelaje o plumas que los mantienen abrigados, durante el verano mudan el pelaje y el plumaje adicionales para mantenerse a una temperatura cómoda.

La energía de los desechos

Todos los organismos liberan materiales de desecho. Los desechos son un **subproducto**. Se producen como resultado del **consumo** de nutrientes. Los desechos se generan cuando el cuerpo obtiene todo lo que puede usar de los nutrientes, o alimentos. Pero aunque estos materiales restantes se llamen "desechos", aún son útiles. ¡Todavía les queda energía! Existen algunos organismos que pueden usar estos materiales como sus fuentes de energía y nutrientes. Estos organismos se llaman **descomponedores**. *Descomponer* significa separar y desintegrar algo. Los descomponedores convierten las partes de plantas y animales en sustancias químicas y elementos básicos. Las plantas emplean estas sustancias químicas y elementos para crecer, funcionar y madurar. Sin los descomponedores, no habría plantas nuevas. Sin plantas nuevas, no habría vida animal nueva. Cada forma de vida depende de otras.

Este proceso de consumo y desechos es parte del ciclo de la energía. ¡Y el flujo de la energía solar hace que ocurra!

Gusanos

Estos gusanos son larvas de moscas. A veces se utilizan para eliminar tejido muerto de las personas. Se comen solamente el tejido muerto, pero dejan el tejido vivo intacto.

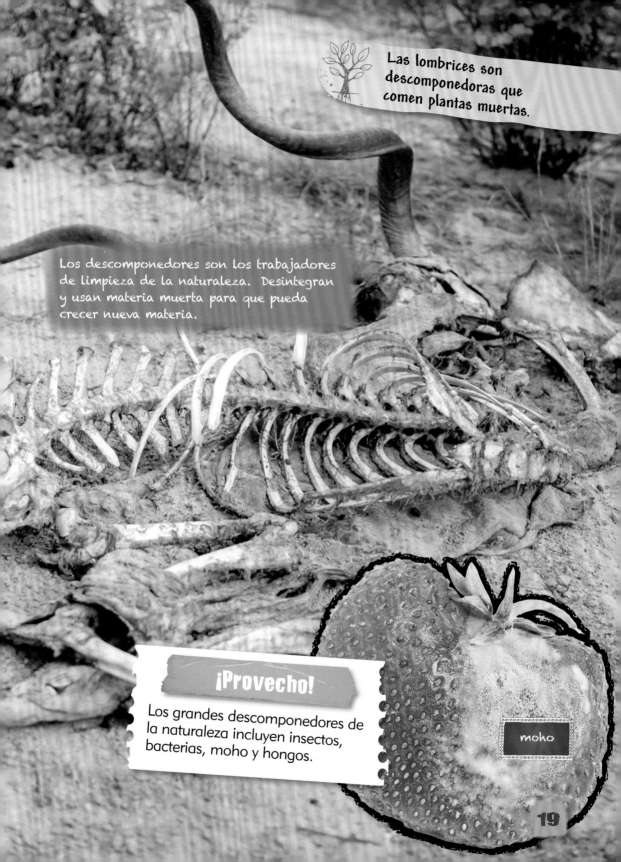

Las lombrices son descomponedoras que comen plantas muertas.

Los descomponedores son los trabajadores de limpieza de la naturaleza. Desintegran y usan materia muerta para que pueda crecer nueva materia.

¡Provecho!

Los grandes descomponedores de la naturaleza incluyen insectos, bacterias, moho y hongos.

moho

Intercambio de energía en los ecosistemas

Si analizamos la vida en la Tierra, podemos ver cómo fluye la energía del sol. Todas las plantas y los animales participan en el flujo de energía. Sin este flujo, no habría vida. De cierta manera, la vida es energía que fluye y se transforma.

Vemos la energía fluir en diferentes ecosistemas. Es fácil ver cómo la energía solar fluye y sustenta toda la vida ahí. En los bosques, los árboles y helechos llenan el paisaje. Las aves, los ciervos, los hongos y los insectos comparten el intercambio de energía que comienza con el sol y las plantas. En los desiertos, crecen cactus y plantas de yuca. Los lagartos y las tortugas comen estas plantas, y los animales como los coyotes pueden comerlos a ellos. En los pastizales, la hierba se mueve entre los árboles y los arbustos esparcidos por la tierra. Grandes manadas de animales que pastan, como el bisonte, deambulan por ellos. Estas manadas están sustentadas por la energía solar, que se captura en las vastas franjas de pastizales.

manada de bisontes

Controles y contrapesos

Incluso el insecto más diminuto tiene una función importante en el flujo de la energía. Piensa en un grillo. Es alimento de muchos animales, como lagartos, aves ie incluso seres humanos! Pero también descompone plantas muertas y recicla nutrientes del suelo. ¡Incluso puede polinizar las flores!

Ecosistema es la palabra corta para "sistema ecológico".

El intercambio de energía es una idea sencilla. Todo es cuestión de la **interdependencia**. Todos los seres vivos en un ecosistema dependen unos de otros. Se necesitan entre sí para sobrevivir. Esto comienza cuando el sol irradia energía a las plantas. Las plantas emplean esta energía para producir nutrientes. Los animales consumen las plantas. Absorben la energía que en ellas se almacena. Otros animales se comen a esos animales. Entonces, absorben la energía. Las plantas y los animales mueren. Los descomponedores obtienen energía de la materia muerta. Los materiales descompuestos nutren el suelo. Esto ayuda al crecimiento de nuevas plantas.

El sol sigue enviando energía. Este es un ciclo de energía y renovación. Y ocurre porque todos los seres vivos deben nutrirse a través de nutrientes o alimentos. ¡Qué sistema tan simple pero brillante! ¡La energía está a una ensalada de distancia!

El flujo de energía

La energía solar fluye hacia los productores (plantas). Los herbívoros son los consumidores primarios porque son los primeros en recibir la energía de las plantas. Los carnívoros pequeños son consumidores secundarios porque reciben la energía a continuación, aunque parte de esta se haya perdido. Los carnívoros grandes son los consumidores terciarios, y obtienen la menor cantidad de energía solar.

consumidores terciarios

consumidores secundarios

consumidores primarios

productores

Solamente alrededor del 0.01 por ciento de la energía del sol llega a los consumidores terciarios.

La energía en el océano

Como las plantas captan la energía del Sol, son, de alguna manera, la base de la vida terrestre. ¿Pero qué sucede con los océanos? Cubren más del 70 por ciento de la superficie de la Tierra y están llenos de todo tipo de vida. No vemos majestuosos robles o gigantescas secuoyas en los océanos. Tampoco vemos hermosos rosales o campos de trigo o maíz ahí. Entonces, ¿cómo sustenta la energía solar la vida en los océanos? ¿Hay plantas en los océanos que sean la base para la vida? La respuesta es sí. Pero, al igual que con todo lo que vive en el agua, las plantas son inusuales para nuestros ojos. Estas plantas están especialmente adaptadas para vivir en agua muy salada todo el tiempo. Algunas plantas son en realidad organismos microscópicos llamados *fitoplancton*. El pasto marino es el tipo más extenso de planta acuática que podemos ver. Toma la energía del sol tal como lo hacen las plantas terrestres. Usan la fotosíntesis para convertir y almacenar energía para utilizarla de la misma manera.

Otros flujos de energía solar

La energía del sol calienta el agua del océano. Las partículas de agua absorben la energía solar y se evaporan en la atmósfera. Esto hace que las nubes finalmente dejen caer agua sobre la Tierra en forma de lluvia y nieve. Algunas veces, la atmósfera tiene tanta energía del agua que se forman grandes tormentas y estas se convierten en huracanes y tifones.

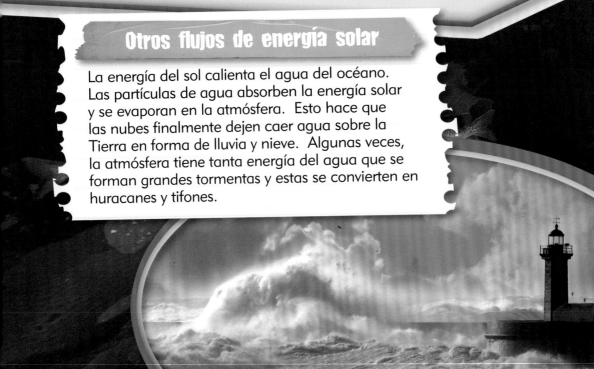

fitoplancton

algas pardas

pasto marino

Miles de especies viven en los bosques de algas pardas del océano.

¡Estupendo sol!

Piensa en lo siguiente. Cada vez que comes un sándwich, una manzana o una porción de torta, de alguna manera estás comiendo un pedacito de rayos solares. El sol es la fuente de toda la energía de la Tierra, y esa energía se irradia a toda la vida del planeta. La energía puede transmitirse de una planta a un animal y a un descomponedor, pero la energía del sol es la misma. Está en las zanahorias, en los frijoles, las hamburguesas y las palomitas de maíz. Está en los gansos, en los patos y en los peces dorados. Está en ti y en mí.

La vida no podría ser vida sin la energía del sol. Todos los seres vivos necesitan un influjo continuo de energía para mantenerse vivos. No podemos crear esa energía de la nada. Toda la energía de la Tierra, sin importar qué, comienza por el sol.

Cuando necesitamos más energía, comemos alimentos nutritivos. Pero esos alimentos no son la fuente de energía. El sol lo es. ¡Entonces, siéntate y come un tazón grande de rayos solares crujientes y crocantes! ¡Te sentirás energizado de inmediato!

No vivirá por siempre

El sol es viejo. Es muy viejo. Pero no vivirá por siempre. Con el tiempo, el sol se quedará sin hidrógeno suficiente para continuar con el proceso de fusión. El sol morirá, de alguna manera, y también lo hará toda la vida en la Tierra. Pero para eso faltan miles de millones de años.

Los científicos estiman que solamente cerca del 0.1 por ciento de la energía solar es necesaria para dar energía a todas las personas, las plantas y los animales de la Tierra.

Piensa como un científico

¿Puedes capturar la energía del sol? ¡Experimenta y averígualo!

Qué conseguir

- alimentos para cocinar
- caja de cartón delgada (una caja de pizza es excelente)
- cinta
- cuchillo para cortar cajas (solo para uso de un adulto)
- envoltorio de plástico
- papel de aluminio
- papel negro
- plato
- regla

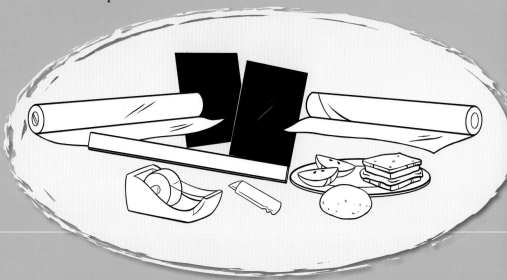

Qué hacer

1 Pide a un adulto que corte una solapa en una caja de pizza. Corta tres lados y dobla el pliegue hacia atrás, de manera que quede levantado cuando la caja se cierre.

2 Envuelve de manera ajustada el papel de aluminio alrededor de la parte interna del pliegue. Pega el papel de aluminio a la parte posterior del pliegue.

3 Abre la caja y pega una capa de envoltorio plástico sobre la apertura de la tapa para sellar la salida del aire.

4 Pon los alimentos en el plato y colócalo sobre el papel negro. Cierra la tapa de la caja, pero mantén la solapa abierta y dirigida hacia el sol durante las horas pico del sol (de 11:00 a. m. a 3:00 p. m.). Mantén la solapa abierta con la regla.

5 Tu "horno solar" se calienta hasta aproximadamente 93.3 °C (200 °F). Ajusta tu tiempo de cocción de acuerdo con esta temperatura. Revuelve los alimentos según sea necesario. ¡Ten cuidado de no quemarte!

Glosario

átomos: las partículas más pequeñas de una sustancia que pueden existir por sí mismas

clorofila: la sustancia verde de las plantas que hace que sea posible producir glucosa a partir de dióxido de carbono y agua

consumo: el acto de comer o beber algo

descomponedores: organismos que descomponen y se alimentan de plantas y animales muertos

ecosistemas: comunidades de seres vivos y no vivos en medios ambientes particulares

elemento: una sustancia básica que está compuesta por átomos de solo un tipo y que no se puede separar por medios químicos comunes en sustancias más simples

energía: la potencia que puede utilizarse para hacer algo

especies: grupos de animales o plantas que son similares y que pueden producir animales o plantas jóvenes

espectro visible: todas las ondas de luz en el rango de visión de los seres humanos

fotosíntesis: el proceso en el que las plantas usan la luz solar para mezclar agua y dióxido de carbono para producir su propio alimento (glucosa)

fuerza: un jalón, empuje o giro de un objeto

fusión: un proceso en el cual los núcleos de los átomos se unen

gravedad: una fuerza que actúa entre los objetos, atrayéndolos entre sí

interdependencia: relacionado de manera en que cada uno necesita o depende del otro

irradia: envia energía en la forma de rayos u ondas

materia: todo lo que tiene masa y ocupa lugar en el espacio

nutrientes: sustancias que necesitan los seres vivos para crecer

organismos: seres vivos

procrean: tienen descendientes

subproducto: algo que se crea durante la producción o destrucción de otra cosa

Índice

¡TU TURNO!

Indicios de energía

Busca un lugar al aire libre donde puedas estar cómodo durante
aproximadamente 30 minutos. Puedes sentarte en una roca grande,
subir a un árbol resistente o sentarte en el banco de un parque. Cuando
te sientes, mira cuidadosamente a tu alrededor. Observa los indicios
de energía que están en todas partes. Ponte como reto hacer una lista
de todos los indicios que puedas durante media hora. Reta a un amigo
a que haga lo mismo. ¿Quién puede ubicar más? (¡Incluso cuando
escribes tu lista empleas energía!).